W0062802

Erhard Dietl

Das olchige Abenteuerbuch

Grätige Experimente und Spiele für drinnen und draußen

Mit Illustrationen
von Christoph Schöne

Oetinger Taschenbuch

Außerdem bei Oetinger Taschenbuch erschienen:

Adventskalender-Rätselbuch
Basteln mit den Olchis – Mit 30 krötigen Tipps
Witze aus der Pfütze
Das große Buch der Stinkerwitze
Die schönsten Schmuddelgeschichten
Muffelfurzcoole Schülerwitze

1. Auflage 2019
© Oetinger Taschenbuch im Verlag Friedrich Oetinger GmbH,
Poppenbütteler Chaussee 53, 22397 Hamburg
April 2019
Alle Rechte vorbehalten
Das Werk basiert auf Motiven der Kinderbücher
»Die Olchis« von Erhard Dietl
Einband von Erhard Dietl
Konzept und Anleitungen von Alexandra Hanneforth
Illustrationen von Christoph Schöne
Satz: fuxbux, Berlin
Druck: Drukarnia Interak Sp. z o.o., Grzępy 50,
64-700 Czarnków, Polen
ISBN 978-3-8415-0590-3

www.oetinger-taschenbuch.de

Inhaltsverzeichnis

Müffelige Spielideen

Experimentieren und Spielen mit den Olchis

»Schleimeschlamm und Käsefuß,
Forschen ist ein Hochgenuss!«

Bist du genauso neugierig wie die Olchi-Kinder? Dann ist dies genau das richtige Buch für dich. Hier findest du nämlich lauter olchige Experimente, die nicht nur in Schmuddelfing, sondern auch zu Hause bei dir funktionieren. Dabei wird es richtig stinkig, schleimig und oberolchig. Wenn deine Eltern halbwegs mutig sind, können sie dir bei einigen Experimenten assistieren. Gehören sie eher zu der ängstlichen oder pingeligen Sorte, musst du dir einen Erwachsenen suchen, der die Olchis genauso gern mag wie du.

Vorab schon einmal zwei Mini-Experimente, damit du weißt, was auf dich zukommt:

Versuch 1 – »Rotz und Wasser«:

Finde heraus, was schneller verdunstet – Spucke oder Wasser?

Hierfür brauchst du nur zwei Flaschenverschlüsse.

Einen sabberst du bis zum Rand voll, den zweiten füllst du bis oben mit Wasser.

Stelle beide auf die Fensterbank und warte einfach ab.

Welcher Verschluss ist zuerst trocken?

**Ist dir das noch nicht müffelig genug,
dann starte Versuch 2 – »Olchi-Duftis«:**

Fülle kleine Behälter (Gläschen, Plastikbecher oder Überraschungseier)
mit z. B. Mett, Butter, einem kleinen Obststück oder etwas gekochtem Ei und
verschließe sie gut. Stelle sie dann auf die Fensterbank. Lasse sie ein bis zwei
Wochen stehen und gehe damit raus. Nimm nun vorsichtig eine Gestanksprobe
und finde heraus, welches Düftchen eine Olchi-Nase besonders entzückt.
Anschließend alles bitte luftdicht verpackt in die Restmülltonne!

Nach diesen Versuchen solltest du alles andere gut bewältigen können.
Und brauchst du mal eine Pause vom Forschen, findest du in diesem Buch
ein paar Spiele, mit denen sich die Olchi-Familie die Zeit an grätigen
Sonnentagen vertreibt.

Am besten fängst du sofort an, Verpackungsmüll zu sammeln.
Denn Plastikflaschen, Joghurtbecher, Milchtüten, Pappschachteln,
Kronkorken usw. kannst du für einige Spiele und Versuche
gut gebrauchen.

Viel Spaß beim
Experimentieren und Spielen!

Olchi-Papas Backpulver-schleuder

Das brauchst du:

- Backpulver
- eine Ü-Ei-Dose
- Wasser

D iese Erfindung von Olchi-Papa macht das Verschmutzen der Olchi-Höhle zu einem Kinderspiel. Deshalb solltest du beim Experimentieren auch besser nach draußen gehen.

So geht's:

Gib etwa ein Drittel des Backpulvers in die Ü-Ei-Dose. Fülle die Dose dann bis zum Rand mit Wasser und verschließe sie sofort.

Schüttle nun ganz kurz und wirf die
Backpulverschleuder schnell weg.

Was passiert?

Warum ist das so?

Durch Wasser entsteht im Backpulver eine
Reaktion, bei der Kohlendioxid gebildet
wird. Dieses Gas baut einen solchen Druck
auf, dass die Dose nach kurzer Zeit auf-
platzt und die Backpulverpampe durch die
Gegend geschleudert wird.

Tipp:
Mit diesen Backpulverschleudern
lässt sich an heißen Sommertagen
eine herrliche »Schlacht« ver-
anstalten, in der ihr versucht,
sie eurem Gegner vor die Füße
zu werfen. Aber zieht am besten
nur Badesachen an!

Stinkersocken-Kühlung

Kannst du dir vorstellen,
dass eine Socke ein Getränk
kühlen kann?
Probiere diesen Olchi-Trick mal aus.
Übrigens muss es nicht unbedingt eine
Stinkersocke sein. Eine frische geht
zur Not auch.

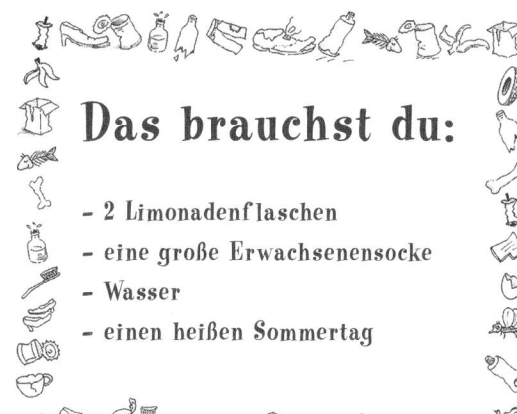

Das brauchst du:

- 2 Limonadenflaschen
- eine große Erwachsenensocke
- Wasser
- einen heißen Sommertag

So geht's:

Stecke eine der Limoflaschen
in die Socke und binde die Socke
oben zu.

Halte dann diese Limoflasche unter
Wasser, bis sie triefend nass ist.

Nimm nun beide Flaschen und stelle sie
nebeneinander in die pralle Sonne.
Warte etwa 40 Minuten und probiere
dann beide Limonaden.

Die Sockenlimo ist deutlich kühler.

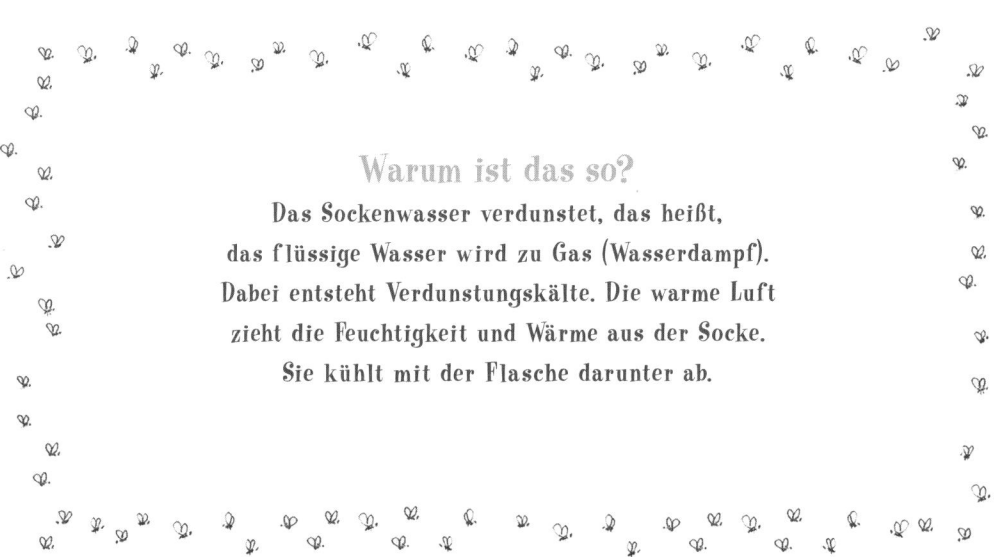

Warum ist das so?

Das Sockenwasser verdunstet, das heißt,
das flüssige Wasser wird zu Gas (Wasserdampf).
Dabei entsteht Verdunstungskälte. Die warme Luft
zieht die Feuchtigkeit und Wärme aus der Socke.
Sie kühlt mit der Flasche darunter ab.

EXPERIMENT FÜR DICH

Olchi-grüner Schleimeschlamm

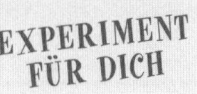

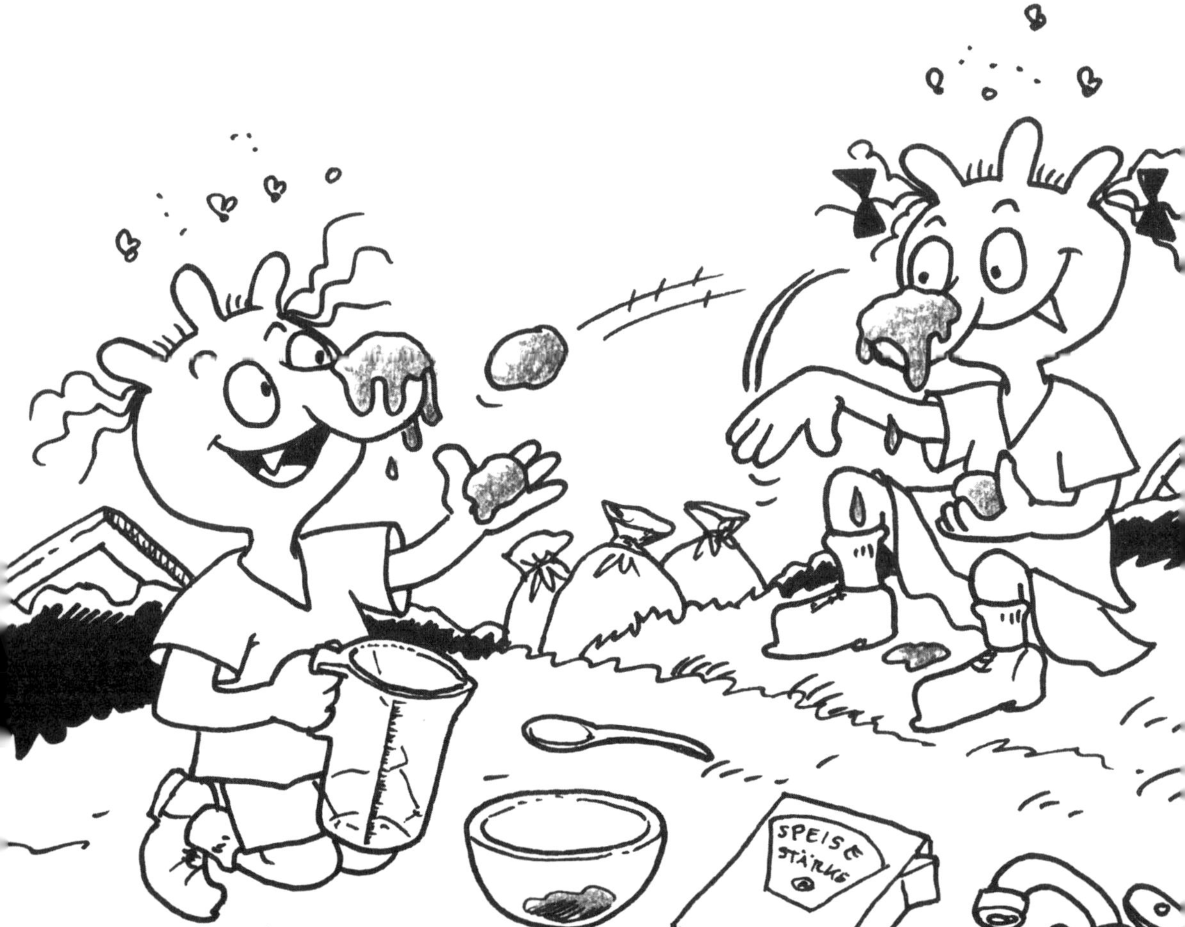

Finde heraus, welche verblüffende Eigenschaft dieser Schleimeschlamm hat.

So geht's:

Das brauchst du:

- 75 ml Wasser
- etwa 10 Teelöffel Speisestärke
- grüne Lebensmittelfarbe
- Schüssel
- Teelöffel

Gib das Wasser in die Schüssel und färbe es mit der Lebensmittelfarbe kräftig grün.

Rühre nun nach und nach die Speisestärke hinein. Das wird mit der Zeit immer schwieriger. Dein Schleim sollte möglichst glatt werden. Aber rühre nicht zu kräftig!

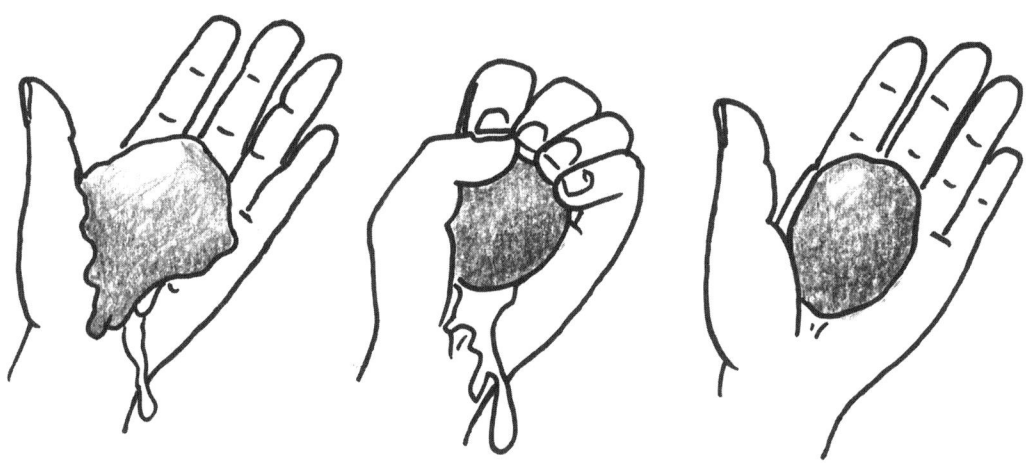

Nimm dann deinen flüssigen Schleim
in die Hand und versuche, eine Kugel
daraus zu formen. Klappt das?
Und kannst du diese Kugel auf deiner
Hand liegen lassen?

Warum ist das so?

Die winzigen Stärkekörner liegen locker
verteilt im Wasser und können sich noch
ein wenig bewegen. Drückst du den Schleim
dann aber zusammen, presst du das Wasser
zwischen den Stärketeilchen weg.
Sie kleben aneinander und dein Schleim
fühlt sich fest an. Bis du ihn loslässt.

Achtung! Gib den Schleim
später nicht in den Abfluss.
Er verstopft sonst. Schütte ihn
lieber in eine Tüte und wirf diese
verschlossen in den Restmüll.

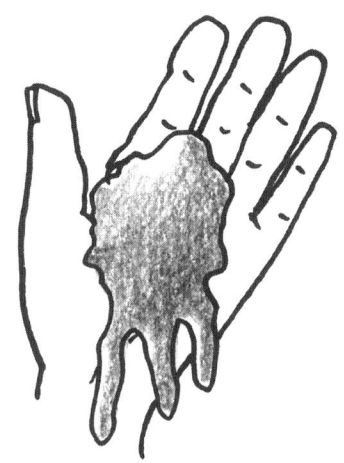

24

Glibbrige Blähkröte

Ein echt krötiges Experiment.

Das brauchst du:

- 2 Weingummikröten
- 2 Gläser
- Wasser

So geht's:

Lege in jedes Glas eine Weingummikröte.

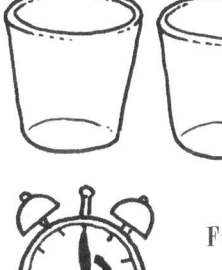

Fülle dann ein Glas mit kaltem Wasser und lasse das Ganze über Nacht stehen.

Am nächsten Morgen wirst du staunen – und eine glibbrige Blähkröte im Wasser vorfinden.

Miss nach.

Länge und Breite der normalen Weingummikröte:

_____ cm, _____ cm

Länge und Breite der Blähkröte:

_____ cm, _____ cm

Warum ist das so?

Weingummi ist aus einem Stoff, der Wasser aufsaugen kann wie ein Schwamm und dabei aufquillt. Deshalb wächst die Kröte im Wasser.

Lecker-Schmecker-Schimmeltoast

Je schimmliger, desto besser. Bei diesem Experiment läuft jedem Olchi das Wasser im Mund zusammen.

So geht's:

  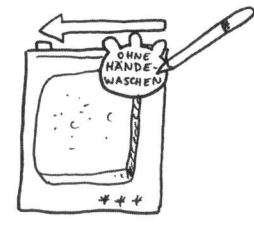

Das brauchst du:

- 5 Scheiben Toastbrot
- 5 kleine Gefriertüten mit Zipp-Verschluss
- Gummihandschuhe
- Papier, Stift, Schere
- Klebstoff

Gehe einkaufen. Ein Päckchen Toastbrot brauchst du sowieso. Schiebe dabei den Einkaufswagen, fasse alles an, was dir gefällt, und zähle das Geld möglichst passend ab. Wasche dir zu Hause nicht die Hände, sondern nimm eine Scheibe Toastbrot aus der Verpackung, drücke deine Hände einmal auf beide Seiten und stecke sie dann in die erste Gefriertüte. Zieh den Verschluss zu.

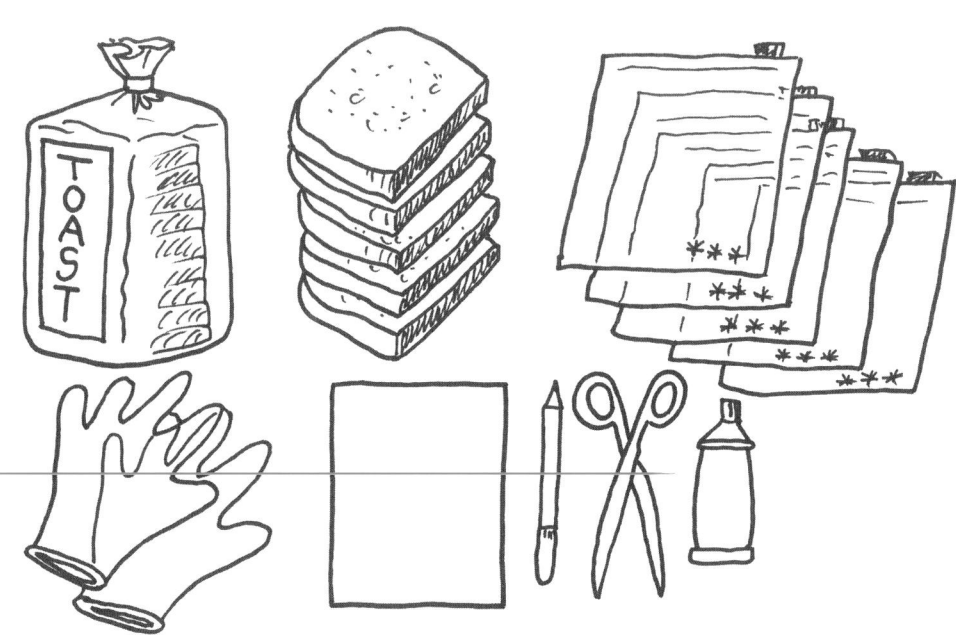

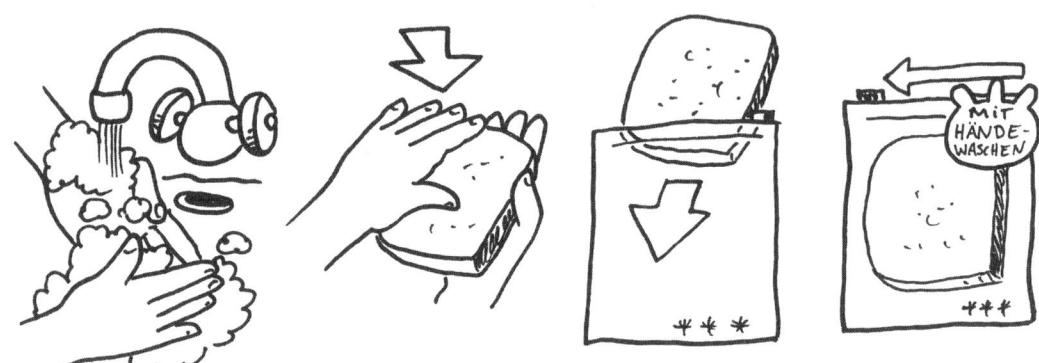

Nun kannst du dir die Hände waschen. Nimm eine zweite Scheibe Toastbrot, drücke deine Hände wieder auf beide Seiten und tüte das Brot ebenfalls ein.

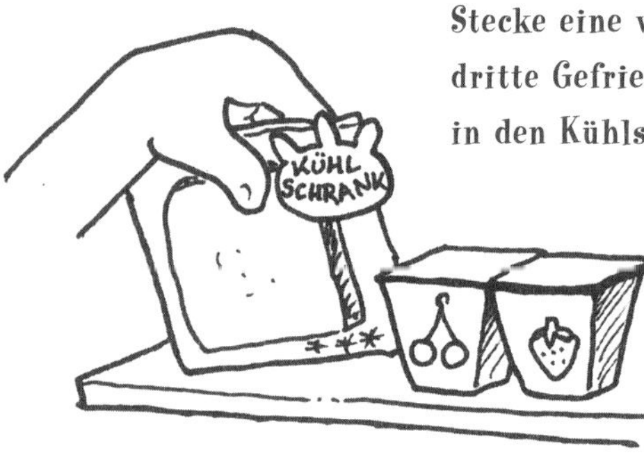

Stecke eine weitere Scheibe in die dritte Gefriertüte und lege sie geschlossen in den Kühlschrank.

Ziehe die Gummihandschuhe an, bevor du die vierte Toastscheibe aus der Packung nimmst und in ihre Tüte steckst.

Auf die fünfte Toastscheibe darfst du einmal draufspucken. Schiebe sie in die letzte Gefriertüte.

Damit du die Tüten nicht verwechselst, solltest du sie mit kleinen Zettelchen beschriften.
Lege die Tüten unter einen Schrank oder an einen anderen zimmerwarmen Platz ohne direkte Sonne.
Nun heißt es warten und beobachten.

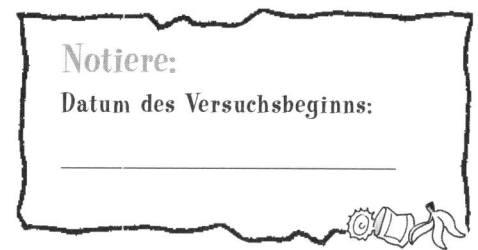

Notiere:

Datum des Versuchsbeginns:

_____

· Wann taucht der erste Schimmel auf?

_____

· An welchem Toast?

_____

· Wie sieht der Schimmel aus?

_____

· Wie verändert er sich im Laufe der Zeit?

_____

· Wann beginnt der zweite Toast zu schimmeln?

_____

· Welcher Toast ist es?

_____

· Wie sieht der Schimmel aus?

_____

· Wie verändert er sich im Laufe der Zeit?

_____

· Wann schimmelt der dritte Toast?

_____

· Welcher Toast ist es?

_____

· Wie sieht der Schimmel aus?

_____

· Verbreitet er sich genauso schnell wie die anderen Schimmel?

_____

· Sieht er gleich aus?

_____

· Welcher Toast schimmelt als Letztes?

_____

· Wie viel Zeit ist seit dem Versuchsstart vergangen?

_____

· Unterscheidet sich der Schimmel von den anderen?

_____

Achtung! Schimmel ist giftig. Du darfst die Tüten auf keinen Fall öffnen. Bitte deinen erwachsenen Helfer, den Toast mit Tüte in den Restmüll zu schmeißen, sobald die gesamte Toastscheibe verschimmelt ist.

Warum ist das so?

Die Toastscheiben schimmeln unterschiedlich schnell und es bilden sich verschiedene Schimmelpilze. Dies hängt von den Bakterien und deren Menge ab, die auf den Toast gelangen konnten. Vor dem Händewaschen sind an deinen Händen viel mehr Bakterien als nach dem Händewaschen. Und in deiner Spucke leben andere Bakterien als auf dem Einkaufswagen. Auch die Umgebungstemperatur beeinflusst das Wachstum des Schimmels.

Mulmige Madenflucht

Dies ist eines der Lieblings-
experimente der Olchi-Kinder.
Weil einem dabei aber schnell
mulmig werden kann, solltest du es
auf jeden Fall draußen machen.

Das brauchst du:

- Fliegenmaden (gibt es im Tierladen
  oder im Internet unter »Anglerbedarf«)
- ein Glas
- etwas Wasser

So geht's:

Gib die Maden in das Glas
und beobachte sie.
Du wirst feststellen, dass sie nicht aus dem
Glas herauskommen, sosehr sie sich auch
anstrengen.

Gib nun ein paar Tropfen
Wasser in das Glas.
Ein halber Teelöffel genügt.

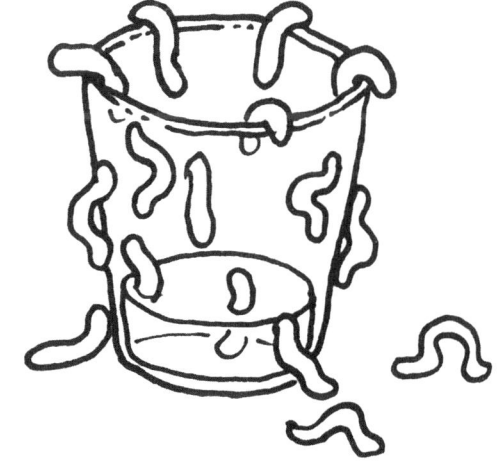

Schon geht die Madenflucht los.
Nun können sie nämlich locker und
superschnell raus aus dem Glas.

Notiere:

Wie fühlt sich eine Made an?
Ist sie trocken oder nass?

_____

_____

Nimm eine Lupe und schau dir
die Haut der Made einmal genau an.
Was siehst du?

_____

_____

Warum ist das so?

Maden sind total trocken. Deshalb rutschen sie an
glatten Wänden immer wieder ab. Ihre Haut besteht aber
aus winzig kleinen Zäckchen, in denen sich Flüssigkeit
sammeln kann. Durch das Wasser »kleben« sie eine Weile
am Glas und die Maden können sich durch ihre Zacken-
schüppchen nach oben schieben.

Unterwasserfeuer

Von Olchi-Opas Abenteuern hast du sicher schon gehört. Einige davon waren tief im Meer. Gut, dass er dabei sein Unterwasserfeuer dabeihatte.

Dieses Experiment ist brandgefährlich. Deshalb nur draußen und auf jeden Fall mit einem erwachsenen Helfer ausprobieren!

Das brauchst du:

- einen großen
  Glasbehälter
- Wasser
- 5 oder 6 Wunder-
  kerzen
- Klebefilm
- Feuerzeug
- einen Schutz-
  handschuh

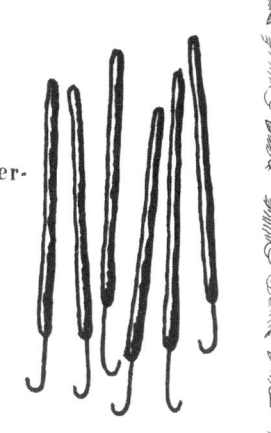

So geht's:

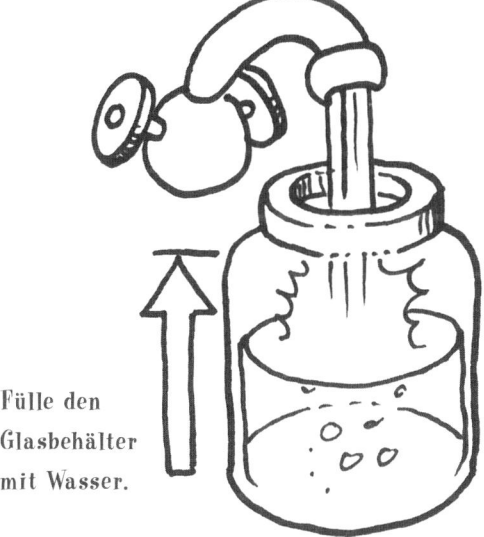

Fülle den Glasbehälter mit Wasser.

Nimm nun mindestens 5 Wunderkerzen zusammen und umwickle die Brennfläche fest mit Klebefilm. Lasse oben aber einen halben Zentimeter frei. Diesen brauchst du, um die Wunderkerzen dort anzuzünden.

Dein Helfer sollte sich nun
einen Schutzhandschuh
anziehen und die Wunder-
kerzen in die Hand nehmen.
Du darfst sie anzünden.
Wartet einen Moment, bis
sie richtig brennen.

Steckt sie dann ins Wasser und beobachtet,
wie sie kräftig blubbernd unter Wasser
weiterbrennen!

Warum ist das so?

Feuer braucht Sauerstoff zum
Brennen. Unter Wasser gibt es
diesen nicht. Deshalb geht eine
Kerze sofort aus, wenn du sie
ins Wasser steckst. Wunderkerzen bestehen aber aus einem
Material, das beim Verbrennen
Sauerstoff abgibt. Nun darf das
Feuer nur nicht zu schnell ab-
kühlen. Eine einzelne Wunder-
kerze würde im Wasser ausge-
hen. 5 oder mehr entwickeln
aber genügend Hitze, sodass sie
im Wasser weiterbrennen können. Außerdem hält der Klebefilm das Wasser ein wenig ab.

Mit Käsemauken schmecken

Wusstest du, dass du mit deinen Käsemauken schmecken kannst? Nein? Dann probiere mal dieses olchige Experiment aus.

Das brauchst du:

- eine frische Zwiebel
- Küchenmesser, Brettchen
- deine Füße

So geht's:

Lasse dir die Zwiebel von einem Erwachsenen in dicke Scheiben oder Spalten schneiden. Reibe hiermit nun kräftig zwischen deinen Zehen.

Ziehe deine Socken wieder an, schmeiße die Zwiebel weg und wasche dir gründlich die Hände. Warte!

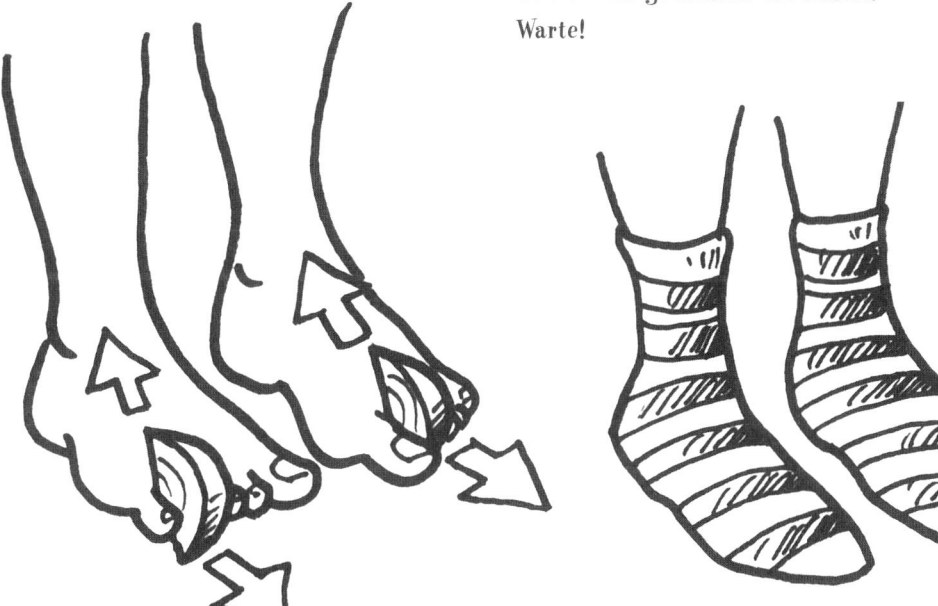

Nach etwa einer Stunde wird es in deinem
Mund nach Zwiebel schmecken.

Warum ist das so?

Die Poren an deinen Füßen können nicht nur Schweiß abgeben,
sondern auch Stoffe aufnehmen. Beim Reiben gibt die Zwiebel
eine Substanz frei, die das Zwiebelaroma enthält. Dieses Aroma
gelangt durch die Fußporen in das Lymphsystem (das ist ein
Teil deines Abwehrsystems). Von dort verteilt es sich in deinem
ganzen Körper und kommt nach etwa einer Stunde im Mund an.

Olchige Essprobe

Das brauchst du:

- einen Apfel
- eine Zwiebel
- Küchenmesser, Brettchen
- eine Augenbinde
- etwas Stinkerkäse
- etwas Wurst
- 2 Dosen

Wenn die Olchis etwas Frisches essen, bekommen sie bunte Flecken. Teste doch einmal, wie dein Freund reagiert, wenn er etwas Ekliges isst.

So geht's:

Schneide den Apfel in kleine Stückchen und halbiere die Zwiebel. Stecke die Zwiebelhälften in eine Dose und stelle beides zur Seite.

Stecke in eine andere Dose ein Stück Stinkerkäse und lege ein Stück Wurst bereit.

Überrede deinen Freund nun zu einer Essensmutprobe. Verbinde ihm die Augen. Öffne die Zwiebeldose und halte sie ihm unter die Nase. Gib ihm dann ein Stückchen Apfel zu essen und lasse ihn weiter an der Zwiebel schnuppern.

Beobachte seine Reaktion.

Als Nächstes holst du den Stinkerkäse heraus und lässt deinen Freund daran riechen, während du ihm das Stück Wurst in den Mund schiebst.

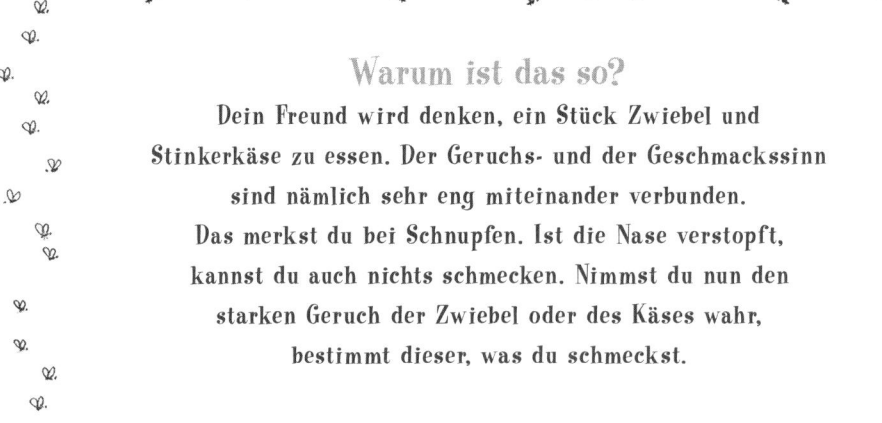

Warum ist das so?

Dein Freund wird denken, ein Stück Zwiebel und Stinkerkäse zu essen. Der Geruchs- und der Geschmackssinn sind nämlich sehr eng miteinander verbunden. Das merkst du bei Schnupfen. Ist die Nase verstopft, kannst du auch nichts schmecken. Nimmst du nun den starken Geruch der Zwiebel oder des Käses wahr, bestimmt dieser, was du schmeckst.

Olchi-Opas Tintenexperiment

Dieses Experiment hat Olchi-Opa von seinem Unterwasserabenteuer mit dem Tintenfisch mitgebracht. Die Zutaten hast du sicher zu Hause.

- ein Glas
- Speiseöl
- Tinte
- Wasser

So geht's:

Fülle das Glas zu einem Drittel mit kaltem Wasser. Schütte dann Öl dazu, bis das Glas normal gefüllt ist. Nach kurzer Zeit kannst du beobachten, wie sich Öl und Wasser trennen und schließlich eine dicke Schicht Öl auf dem Wasser schwimmt.

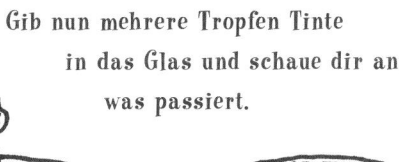

Gib nun mehrere Tropfen Tinte in das Glas und schaue dir an, was passiert.

ÖL

WASSER

Warum ist das so?

Öl nimmt keine Tinte an. Deshalb bilden sich kleine Tintenkugeln in der Ölschicht. Nach einiger Zeit sinken diese aber weiter nach unten und rutschen ins Wasser. Sofort platzen die Kugeln auf und die Tinte vermischt sich mit dem Wasser. Wasser bildet mit Tinte nämlich sofort eine Lösung und färbt sich blau.

Trockene Fischgräte

Fischgräten sind aus dem Speiseplan der Olchis nicht wegzudenken. Mal gibt es sie schleimig-feucht, mal furztrocken.

Das brauchst du:

- ein Glas
- Wasser
- Papier, Füller, Schere
- 50 g Bärlappsporen (diesen Blüten-staub bekommst du in der Apotheke)

So geht's:

Fülle das Glas mit Wasser. Lasse aber oben noch Platz, denn nun streust du eine mindestens 2,5 cm dicke Schicht Bärlapp-sporen auf das Wasser.

mind. 2,5 cm

BÄRLAPP SPOREN 50 gr.

Male dann mit dem Füller eine Fischgräte auf das Papier und schneide diese aus. Sicher kannst du dir schon denken, was passiert, wenn diese Tintengräte nass wird!

Tauche sie nun langsam in das Glas und staune.

Wenn du magst, kannst du auch einmal deinen Finger in das Wasser stecken.

Tipp: Löffle die Bärlappsporen nach dem Experiment einfach wieder ab und gib sie zurück in den Beutel. Dann kannst du das Experiment jederzeit wiederholen.

Warum ist das so?

Die Tinte verläuft nicht, weil das Papier und dein Finger trocken bleiben. Das liegt an der Oberflächenspannung des Wassers. Sie entsteht durch Wasserteilchen, die sich fest aneinanderbinden und eine Art Haut auf dem Wasser bilden. Wenn man die Sporen auf das Wasser streut, kann man es »eindellen«. Die Sporen legen sich um das Papier und die Wasseroberfläche wird nicht zerrissen.

Olchi-Babys Schlammsauger

Das brauchst du:

- eine große Dose
- eine alte Socke
- 2 Schälchen
- etwas Schlammbrühe
  (Wasser + Erde, Sand,
  Tannennadeln etc.)

Mit diesem Schlammsauger kann man Olchi-Baby sofort beruhigen und so ganz nebenbei wird Schlammbrühe wieder sauber.

So geht's:

Stelle in einer der Schüsseln eine feine Schlammbrühe her.
Stelle diese Schüssel nun auf die Dose.
Die zweite Schüssel schiebst du unten an den Rand der Dose. Hänge dann das eine Ende der Socke in die Schlammbrühe und das andere Ende in die unten stehende, leere Schüssel.

Warte ab, was passiert. Das Experiment dauert mindestens eine Stunde.

Notiere:

Am Ende des Versuchs ist in der oberen Schüssel: _____

Und in der unteren Schüssel ist: _____

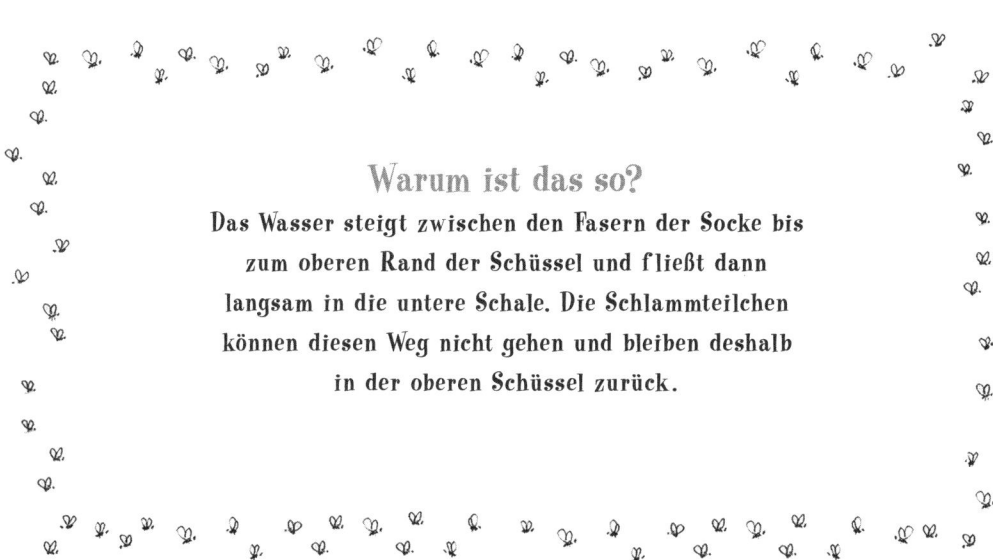

Warum ist das so?

Das Wasser steigt zwischen den Fasern der Socke bis
zum oberen Rand der Schüssel und fließt dann
langsam in die untere Schale. Die Schlammteilchen
können diesen Weg nicht gehen und bleiben deshalb
in der oberen Schüssel zurück.

Olchige Spukgeräusche

Das brauchst du:

- den Deckel einer Keksdose
  (ein Backblech geht auch,
  ist aber nicht so leicht
  zu verstecken)
- ein Glas trockene Erbsen
- Wasser

Mit diesem Versuch haben
die beiden Olchi-Kinder
schon so manchem einen
kleinen Streich gespielt.

So geht's:

Fülle das Glas bis oben mit den Erbsen.
Es sollten so viele Erbsen sein, dass wirk-
lich keine einzige mehr in das Glas passt.

Stelle es auf den Keksdosendeckel und
gib vorsichtig Wasser in das Glas.
Wenn du das Ganze nun versteckst,
geht der Streich nach einer Weile los.

Plötzlich klackt es. Dann ist wieder Ruhe.
Klack, klack! Da – schon wieder.
Woher kommt dieses Geräusch bloß?

Nur du weißt, dass es die Erbsen
sind, die auf das Blech fallen.
Durch das Wasser quellen die
unteren Erbsen nämlich auf und
schubsen die oberen aus dem
Glas. Wenn du von Zeit zu Zeit
heimlich Wasser nachfüllst,
dauert der Spuk mehrere Stunden.

Glibber-Ei

So geht's:

Welch Freude, wenn die Olchis Eier auf der Müllkippe finden! Nicht nur, dass sie nach einer Weile herrlich faulig duften, man kann auch Glibber-Eier aus ihnen machen.

Das brauchst du:

- ein Glas mit Deckel (ohne Deckel wird das Experiment recht müffelig)
- ein Ei
- Essig

Lege das rohe Ei vorsichtig in das Glas und schütte dann Essig hinein, bis das Ei gut bedeckt ist.

Schon nach kurzer Zeit werden sich Bläschen auf der Eierschale bilden. Warte ab. Das Experiment dauert viele Stunden.
(Am besten über Nacht machen.)

Nimm das Ei nun vorsichtig aus dem Glas und spüle es unter dem Wasserhahn ab.

Wenn sich das Ei noch ein wenig fest anfühlt, musst du es noch einmal zurück in den Essig geben. Ist es richtig schön gummihaft, ist dein Glibber-Ei fertig.

Siehst du den Dotter? _____

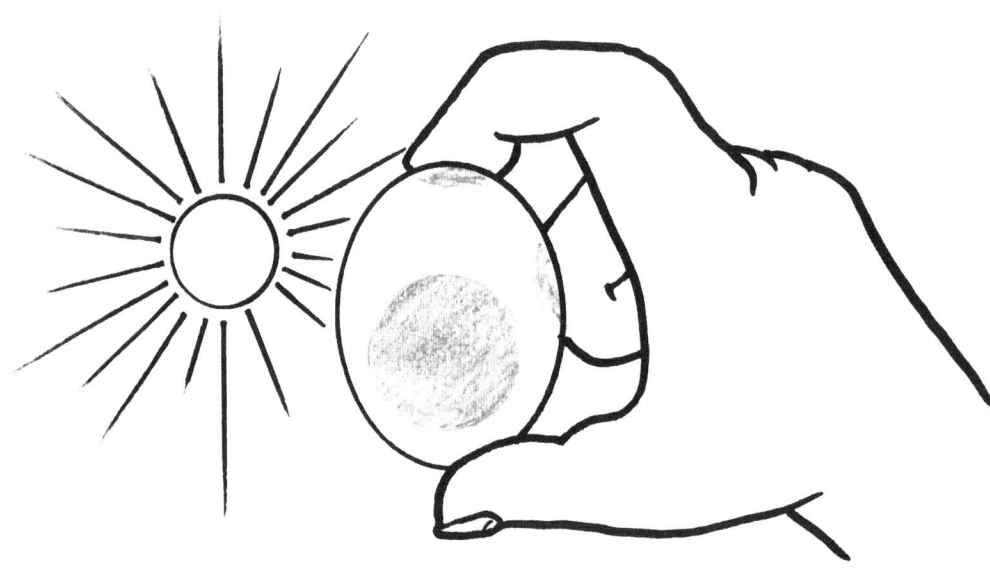

Warum ist das so?

Eierschalen sind aus Kalk. Essig löst Kalk auf.
Deshalb verschwindet die Schale mit der Zeit im Essig
und übrig bleibt nur noch die dünne Eierhaut.
Diese ist so durchsichtig, dass du den Dotter im Eiklar
schwimmen sehen kannst.

Gefurztagskerzen

Das brauchst du:

- einen Apfel
- Walnüsse
- einen Apfelausstecher
- ein Messer
- ein Brettchen

- Streichhölzer oder ein Feuerzeug
- eine Zitrone

Mit diesem Trick kannst du vor deinen Zuschauern wie ein Olchi einen Kerzenstummel verspeisen. Eine Kerze, die sogar brennt!

So geht's:

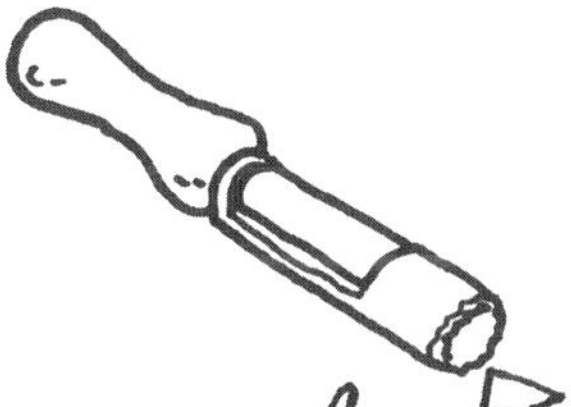

Bereite deine »Kerzenstummel« heimlich vor. Hierfür stichst du mit dem Apfelausstecher Apfelröllchen aus und schneidest die Enden gerade.

3x

Schneide dir nun ein kleines (!), schmales Walnussstückchen zu und stecke es vorsichtig als Docht in das Apfelröllchen. Einfacher geht dies, wenn du ein Loch vorbohrst.

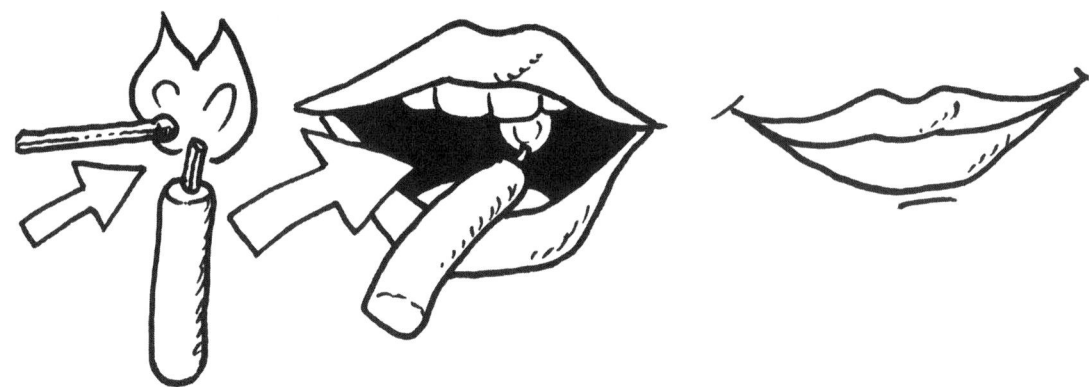

Diese Kerzen zündest du nun vor den Augen deiner Zuschauer an und futterst sie sofort auf. Keine Angst vor dem Feuer. Es geht sofort aus, wenn du es in den offenen Mund schiebst.

Warum ist das so?

Die Walnüsse enthalten Öl. Dieses fängt kurz an zu brennen, wenn du es anzündest. Die Ölmenge ist bei einem kleinen Stück aber nur so gering, dass das Flämmchen im Mund sofort erlischt.

Tipp: Wenn du die Apfelkerzen mit Zitronensaft beträufelst, werden sie nicht so schnell braun.

Müffelige
SPIELIDEEN

Stinkstiefel-Weitwurf

Das brauchst du:

- 2 Gummistiefel
- eine Startmarkierung
  (Stock, Seil o. Ä.)

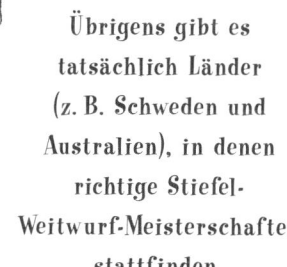

Im Stinkstiefel-Weitwurf sind die Olchis wahre Meister. Wenn sie gut in Form sind, schleudern sie die Gummidinger mindestens 232 Meter. Wie weit kommst du?

So geht's:

Stellt euch nebeneinander an die Startlinie und versucht nun, euren Stiefel so weit wie möglich nach vorn zu schleudern.
Wer am weitesten kommt, gewinnt das Spiel. Am besten probiert ihr unterschiedliche Wurftechniken aus, bevor ihr gegeneinander antretet.

Übrigens gibt es tatsächlich Länder (z. B. Schweden und Australien), in denen richtige Stiefel-Weitwurf-Meisterschaften stattfinden.

Fliegenklatschen-Tennis

Bei diesem Spiel sind die Olchis ungewöhnlich still, weil die Fliegen durch ihren Mundgeruch sonst abstürzen. Aber du kannst natürlich laut lachen und quatschen.

So geht's:

Bevor es mit dem Tennisspiel losgehen kann, musst du dir Fliegen basteln. Nimm eine Erdnuss und male vorn zwei Augen auf.
Zeichne dir passende Flügel, schneide diese aus und klebe sie an der Erdnuss fest. Du brauchst 10 Fliegen.

Das brauchst du:

- Erdnüsse mit Schale
- Papier, Stift, Schere
- Klebstoff (kein Klebestift!)
- zwei Fliegenklatschen
- einen Eimer

Jeder Spieler bekommt nun eine Fliegen-klatsche als Tennisschläger. Stellt den Eimer in etwa 2 Meter Entfernung zu euch auf. Nun gilt es, möglichst viele der 10 Erdnussfliegen mit dem Tennisschläger in den Eimer zu schlagen. Der Spieler mit den meisten Treffern gewinnt.

Tipp: Echte Profis können natürlich auch »richtig« Tennis spielen und sich die Erdnussfliegen gegenseitig zuspielen. Dafür müsst ihr aber olchig-schnell reagieren können und braucht ein wenig Übung!

Othellos Mülleimer-Basketball

Kennst du Othello aus Pampendorf? Und bist du genauso cool wie er? Dann solltest du unbedingt mal sein Lieblingsspiel ausprobieren.

Das brauchst du:

- einen Tretmülleimer
- einen Tischtennisball
- einen kleinen Korb (z. B. Brotkorb)

So geht's:

Bildet Paare. Ein Spieler stellt sich mit dem Tischtennisball an den Mülleimer. Sein Partner schnappt sich den Korb und geht etwa 1,5 Meter vor dem Mülleimer in Position.

Spieler 1 lässt nun den Ball auf den Mülleimerdeckel herunterfallen und schleudert ihn mit einem kräftigen Tritt auf das Öffnungspedal möglichst weit nach vorn. Spieler 2 versucht, diesen Ball mit dem Korb zu fangen.

Jeder Treffer wird gezählt. Nach 5 Versuchen ist das Gegenspieler-Paar mit ebenfalls 5 Versuchen an der Reihe. Dann ist wieder das erste Paar dran, nun mit vertauschten Rollen. Anschließend ebenso die Gegenspieler.

Wer zum Schluss die meisten Korbtreffer landen kann, gewinnt das Spiel.

Tipp: Probiert vor dem Wettkampf aus, wie das mit der Mülleimerschleuder funktioniert, damit ihr ein Gefühl dafür entwickelt.

Käsequanten-
Malerei

Stinkersocken aus und los geht's! Wetten, dass echt olchige Bilder entstehen?

Das brauchst du:

- Papier
- Stifte

So geht's:

Jeder Spieler bekommt ein Blatt Papier und einen Stift. Zieht euch nun die Socken aus und schnappt euch den Stift mit dem Fuß. Einigt euch auf ein olchiges Motiv

(Olchi-Kopf, Fischgräte, Ratte, Stinkerbrühe ...) und legt los. Wer mit seiner Käsequante das beste Bild malt, gewinnt den Malwettbewerb.

SCHLEIMESCHLAMM

SCHLEIMESCHLAMM

Tipp: Wenn ihr nicht malen möchtet, könnt ihr auch schreiben: Wer schafft es zuerst, das Wort »Schleimeschlamm« mit dem Fuß zu schreiben?

Spinnen-schleuderspiel

Wenn die Spinnen mal wieder keine Lust haben, auf einem Bein zu stehen, spielen die Olchi-Kinder einfach das Schleuderspiel mit ihnen.

Das brauchst du:

- 12 Kronkorken
- Schere, Stift, Papier
- Klebstoff
- 2-Euro-Münze
- ein Tablett

So geht's:

Bevor das Spiel beginnen kann, musst du die Spinnen basteln.
Zeichne auf das Papier 12 Kreise.
Nimm das 2-Euro-Stück als Schablone, so hast du die richtige Größe. Zeichne in jeden Kreis eine fette Spinne und schneide die Kreise anschließend aus.

Diese klebst du nun auf die glatte Seite der Kronkorken.

Lege die Kronkorken mit den Zacken nach oben auf das Tablett. Der erste Spieler nimmt das Tablett nun in die Hände und bewegt es so schnell nach oben, dass die Kronkorken in die Luft fliegen. Ziel ist es, dass dabei möglichst viele Spinnen (Kronkorken mit Zacken nach unten) auf dem Tablett landen. Für jede Spinne gibt es einen Punkt. Jeder Spieler hat drei Durchgänge, um Spinnen zu sammeln. Wer am Ende die meisten Achtbeiner geworfen hat, gewinnt den Wettkampf.

Käseschlappen-Hockey

Auf die Schlappe, fertig, los!«
Im Unterricht der Schmuddelfinger
Grundschule ist diese Hockey-
Variante nicht mehr wegzudenken.

Das brauchst du:

- eine Zitrone
- Straßenkreide
- eine Käseschlappe
  für jeden Spieler
- Eieruhr

Tipp: Noch mehr Spaß macht das Spiel
mit zwei Mannschaften, bei denen sich
die Spieler die Zitrone gegenseitig zuspielen können. Je nach Größe der Teams
sollte das Spielfeld allerdings vergrößert
werden.

So geht's:

Zeichnet mit der Kreide ein 4 mal 6 Meter
großes Spielfeld mit Mittellinie und
zwei Toren auf den Boden.

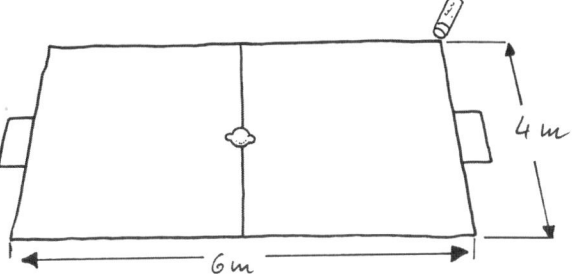

Legt die Zitrone in die Mitte des Spielfeldes
und lost aus, welcher Spieler Anstoß hat.
Schnappt euch nun jeder eine Käseschlappe
und los geht es. Versucht, die Zitrone mit
der Schlappe in das gegnerische Tor zu
treiben.
Handspiel ist nicht erlaubt! Kullert die
Zitrone aus dem Spielfeld heraus, hat der
Gegenspieler Anstoß von der Seitenlinie.
Nach jedem Tor geht es vom Mittelpunkt
aus weiter. Wer schubst oder grob foult,
riskiert einen Freistoß. In diesem Fall darf
der Gegenspieler vom Mittelpunkt aus auf
das freie Tor schießen. Das Spiel dauert
5 Minuten. Wer in dieser Zeit die meisten
Treffer landet, gewinnt.

Ausgerotzt

W ürmerfurz und Scheibenkleister,
im Spucken sind wir Olchis Meister!«, dichtet Olchi-Opa, während
er die Olchi-Kinder beim Spielen beobachtet.

Das brauchst du:

- 2 Eimer
- 2 Schüsseln mit Wasser
- Eieruhr
- eine Markierung für
  die Startlinie (Seil, Stock o. Ä.)

So geht's:

Stellt die beiden Schüsseln mit Wasser
hinter die Startlinie.
Die Eimer stellt ihr in einem Abstand
von 5 bis 10 Metern auf. Stellt die Eieruhr
auf 60 bis 90 Sekunden.

Nun geht es los. Versucht, möglichst viel
Wasser aus eurer Schüssel nur mit dem
Mund (!) in den Eimer zu transportieren.
Den Mund dürft ihr nur hinter der Start-
linie füllen.
Wessen Eimer ist nach Ablauf der Zeit
voller?

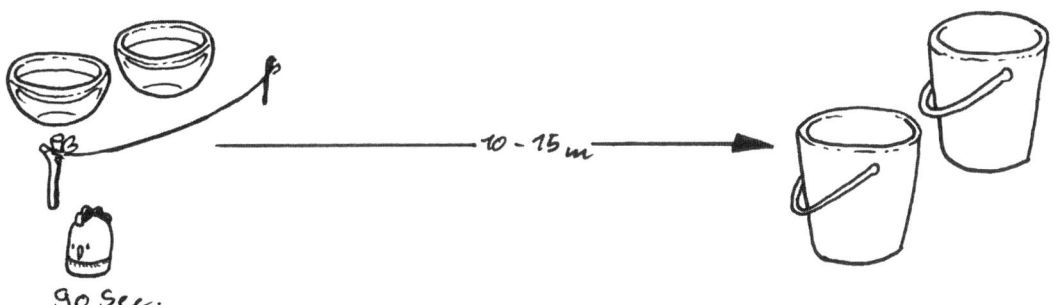

Matschknödel-Schlacht

Bei diesem oberolchigen Spiel wird es herrlich matschig und schmuddelig. Also schickt putzwütige Erwachsene lieber weit weg!

Das brauchst du:

- 2 Eimer
- 2 Päckchen Mehl
- Wasser
- zwei Kochlöffel

So geht's:

Für diese Dreckschlacht bereitet sich jeder Spieler einen Eimer voll Matsch zu. Gebt hierfür das Mehl in den Eimer und rührt langsam Wasser hinein, bis sich richtig schöne Matschknödel formen lassen. Nehmt lieber erst zu wenig Wasser, sonst wird der Matsch zu klebrig.

Nun kann es losgehen. Nehmt einander gegenüber Aufstellung und versucht, euch gegenseitig mit Matschknödeln zu treffen. Dabei darf aber nicht auf den Kopf gezielt werden. Der Spieler mit den meisten Treffern gewinnt.

Achtung! Weil es bei diesem Spiel so richtig schmuddelig zugeht, solltet ihr es nur an einem warmen Sommertag spielen, an dem Badekleidung genügt. Nach der Schlacht könnt ihr euch dann mit einem Gartenschlauch abspritzen.

Müllstaffel

Dieses Spiel haben die Olchis zum Fressen gern. Du auch?

Das brauchst du:

- möglichst viel Verpackungsmüll (Joghurtbecher, Chips- und Konservendosen, aufgeschnittene Milchtüten, Klopapierrollen, Pappschachteln ...)
- Süßigkeiten
- eine Startlinienmarkierung (Seil, Stock o. Ä.)
- 2 Schüsseln
- Eieruhr

So geht's:

Verteilt den Müll kreuz und quer im Garten und versteckt mehrere Süßigkeiten unter den Verpackungen. Je mehr Verpackungen ihr habt, desto besser wird das Spiel. Bildet nun zwei Mannschaften und stellt euch an der Startlinie auf. Jedes Team bekommt eine Schüssel.

Stellt die Eieruhr auf 3 Minuten und los geht's! Von jeder Mannschaft läuft der erste Spieler los und darf genau ein Müllteil hochheben. Findet er eine Süßigkeit, darf er sie mitnehmen und in die Schüssel seiner Mannschaft legen.

Ist unter dem Müll nichts zu finden, hat der Läufer Pech gehabt. In jedem Fall sollte er so schnell wie möglich zurück zu seiner Startlinie laufen, denn erst, wenn er hinter der Linie steht, darf der nächste Spieler seiner Mannschaft losflitzen. Das Team, das am Ende die meisten Süßigkeiten in der Schüssel hat, gewinnt den Staffellauf, weil es mehr zu naschen hat.

Tipp: Oberolchig lustig wird das Spiel, wenn zusätzlich zu den Süßigkeiten noch ein paar Olchiköstlichkeiten (Zwiebel, Stinkerkäse, Schuhsohle, Müffelsocke ...) versteckt werden.

Müllstapeln
à la blauer Olchi

Ördnung muss sein!«,
sagt der blaue Olchi. Logisch,
dass er bei diesem Spiel
einfach unschlagbar ist.

Das brauchst du:

- möglichst viel Verpackungsmüll
  (Schachteln, Dosen, Milchtüten,
  Klopapierrollen, Joghurtbecher,
  Eierpappen ...)
- Eieruhr

So geht's:

Stellt die Eieruhr auf 60 Sekunden.
Baut nun in dieser Zeit einen möglichst
hohen Turm aus Müll. Der Spieler mit
dem höchsten Stapel gewinnt.

Fusseliges Müllangeln

Das brauchst du:

- einen Papierkorb
- leichten Plastikmüll
  (z. B. Flaschenverschlüsse,
  Joghurtbecher, Margarinen-
  deckel, Ü-Eier ...)
- 2 Stöcke (möglichst gerade)
- 2 Fusselrollen
- doppelseitiges Klebeband
- Wolle

Hast du Lust, wie Olchi-Opa Müll zu angeln? Dann flitz doch gleich mal los und hol die Fusselrolle aus dem Schrank.

So geht's:

Zuerst braucht jeder Spieler eine Angel. Bindet hierfür einen Wollfaden (nicht zu lang!) an den Stock und knotet am anderen Ende die Fusselrolle fest.

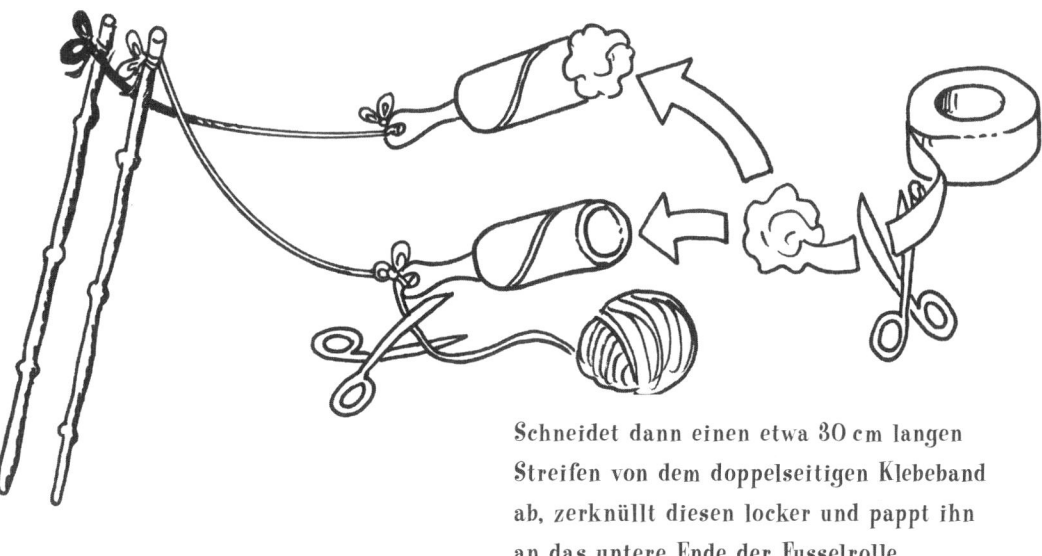

Schneidet dann einen etwa 30 cm langen Streifen von dem doppelseitigen Klebeband ab, zerknüllt diesen locker und pappt ihn an das untere Ende der Fusselrolle.

Setzt euch nebeneinander und stellt den Papierkorb, gefüllt mit Müll, in einiger Entfernung von euch auf. Nun wird abwechselnd geangelt. Dabei dürft ihr die Angelschnur bei jedem Durchgang nur einmal in den Papierkorb senken. Mit etwas Glück bleibt Müll an der Angel hängen. Wer zum Schluss die meisten Gegenstände neben sich liegen hat, gewinnt.

Tipp: Ihr könnt den Müll auch vor dem Spiel mit Punkten beschriften. Große, schwere Dinge bekommen dabei einen höheren Punktwert. So könnt ihr am Ende eure geangelten Punkte zusammenzählen und so den Sieger ermitteln.

Feuerstuhl-Schießen

Kennst du die Geschichte von den Olchis im Kindergarten, als Feuerstuhl mit einem kräftigen Wasserstrahl alle Kinder wieder blitzsauber spritzte? An diesem Tag fiel den Olchi-Kindern dieses spritzige Spiel ein.

Das brauchst du:

- eine leere Plastikflasche
- eine Rouladennadel
  (oder dicke Nadel)
- Papier, Schere, Stift
- Klebstoff
- 10 Plastikbecher
- einen wasserfesten Stift
  (Permanentmarker)
- Eieruhr

So geht's:

Bevor es mit dem Wettkampf losgeht, musst du dir erst eine Feuerstuhl-Spritze basteln. Nimm die leere Plastikflasche und bohre mit der Rouladennadel vorsichtig ein Loch in den Boden.

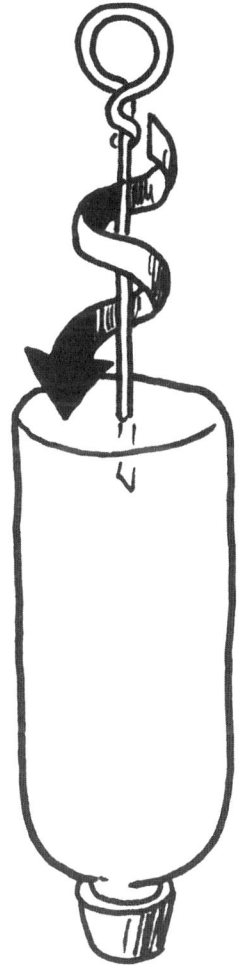

Male dann Feuerstuhl (oder einen
seiner Drachenfreunde) auf ein Papier,
schneide ihn aus und klebe ihn
auf die Flasche.

Schreibe nun mit dem
wasserfesten Stift beliebige
Zahlen von 1 bis 10 auf den
Boden der Plastikbecher.

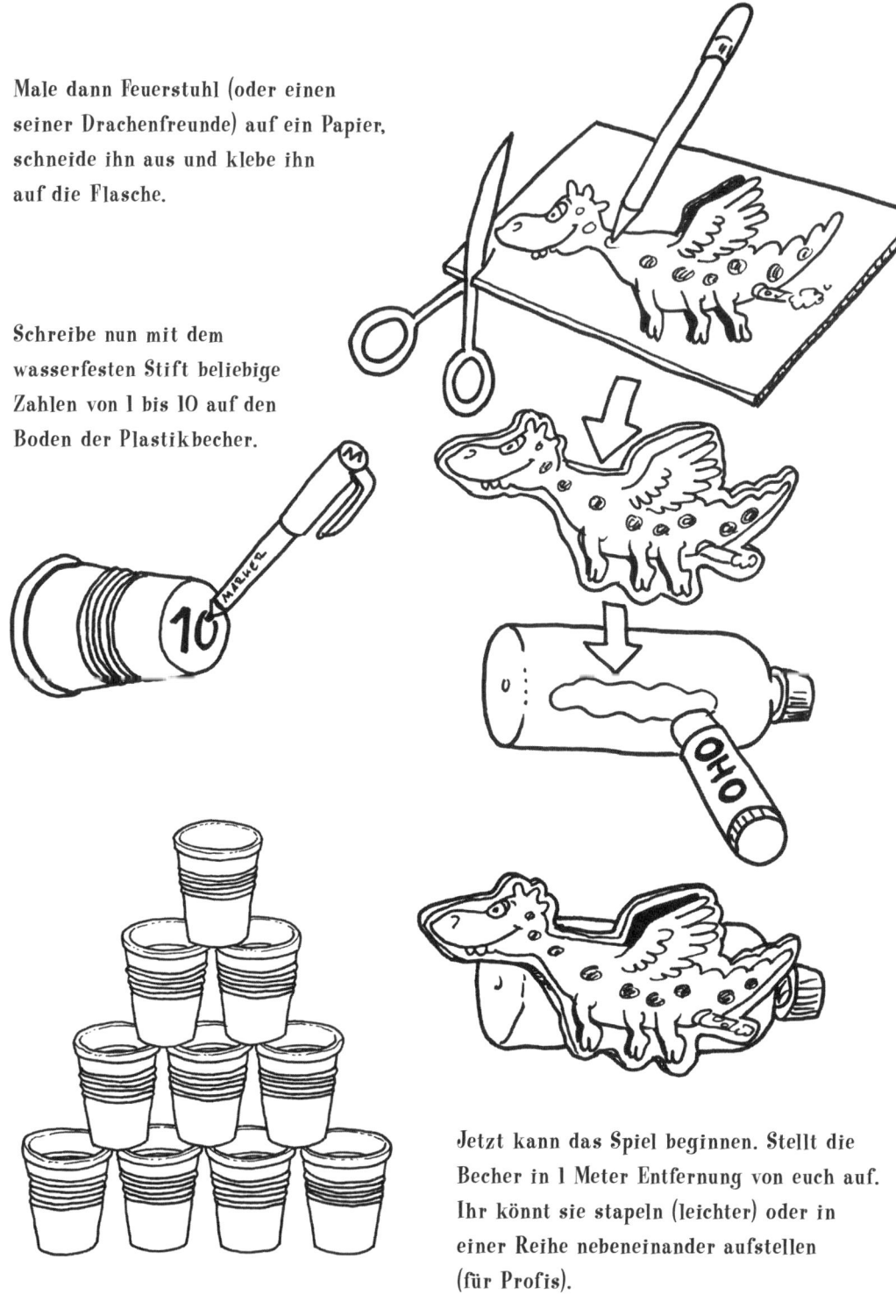

Jetzt kann das Spiel beginnen. Stellt die
Becher in 1 Meter Entfernung von euch auf.
Ihr könnt sie stapeln (leichter) oder in
einer Reihe nebeneinander aufstellen
(für Profis).

Füllt euren Feuerstuhl mit Wasser.
Dabei müsst ihr das Loch im Boden
mit dem Finger zuhalten!

Jeder Spieler hat nun 30 Sekunden Zeit,
um möglichst viele Becher mit der
Wasserspritze umzuwerfen. Dann werden
die Punkte der umgeworfenen Becher
zusammengezählt. Sieger ist natürlich
der Schütze mit der höchsten
Punktzahl.

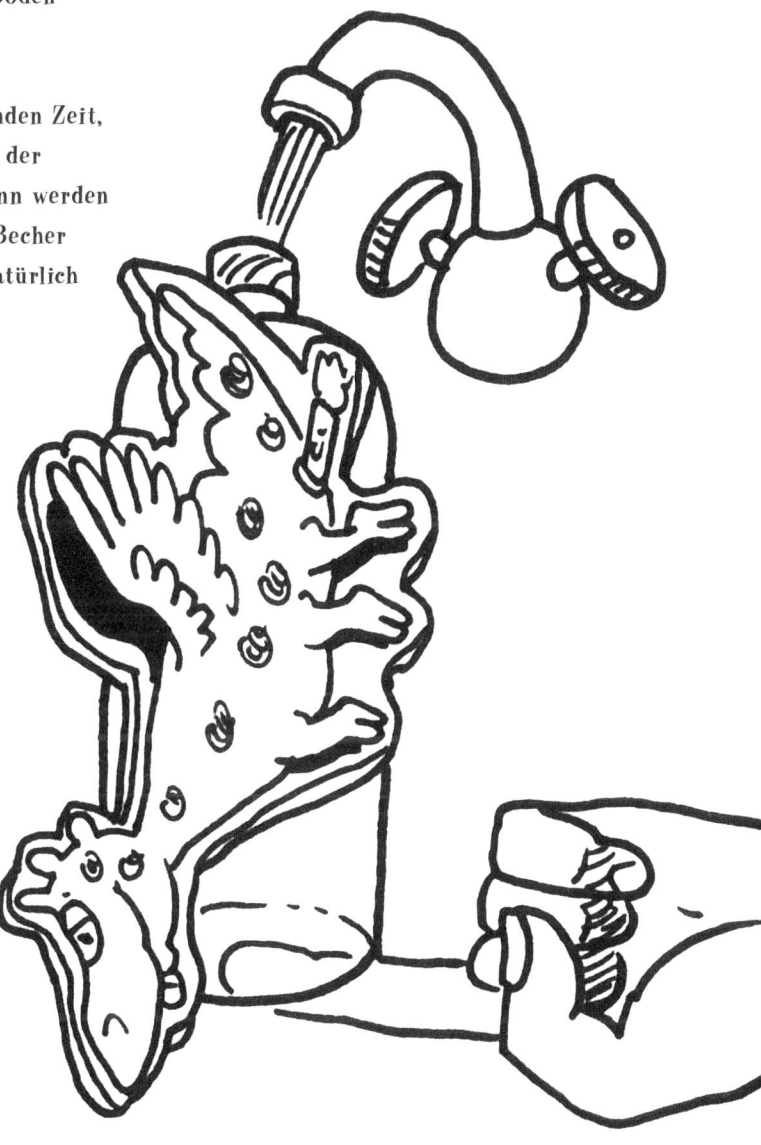

Familien-
Müffelspiel

Dieses schnüfflig-müfflige Spiel macht auch ohne olchige Knubbelnase richtig viel Spaß.

Das brauchst du:

- getragene Wäsche von jedem Familienmitglied (am besten T-Shirts, Halstücher oder Schlafanzüge und Nachthemden)
- eine Augenbinde

So geht's:

Versammelt euch mit der ganzen Familie im Kreis und legt die Wäsche in die Mitte auf einen Berg.

Verbindet dem ersten Spieler die Augen und haltet ihm ein Kleidungsstück unter die Nase. Kann er erschnüffeln, wem dieses Kleidungsstück gehört? Wenn ja, bekommt er einen Punkt. Das Kleidungsstück wird zurückgelegt und der nächste Spieler ist an der Reihe. Wer hat die beste Schnüffelnase?

Tipp: Mega-olchig wird das Spiel, wenn ihr auch ein paar Stinkersocken und Müffelbuchsen in den Berg mischt.

Schimpfwörter-spiel

Poplige Pappnase!« – »Grätziger Graureiher!« – »Fette Flunder!« Im Schimpfen sind die Olchis Weltmeister. Bei diesem Spiel könnt ihr kräftig mitschimpfen.

Das brauchst du:

- einen Schuh
- Eieruhr
- Papier, Stift, Schere

So geht's:

Schneide aus dem Papier 20 Karten aus und schreibe auf jede Karte einen Buchstaben des Abc.

Lasse dabei die Buchstaben C, J, Q, V, X und Y weg.

Setzt euch in einen Kreis und legt die Karten verdeckt in die Mitte.

Spieler 1 stellt die Eieruhr nun auf eine beliebige Zeit zwischen 10 und 75 Sekunden. Dann steckt er die Uhr in den Schuh und dreht eine Buchstabenkarte um. Zu diesem Buchstaben muss er nun ein olchiges Schimpfwort erfinden, bevor er den Schuh an seinen linken Nachbarn weiterreicht, der sich dann ebenfalls ein Olchi-Schimpfwort zu dem Buchstaben ausdenken muss usw. Derjenige, der den Schuh in der Hand hält, wenn die Eieruhr klingelt, muss die Buchstabenkarte behalten.

Ziel des Spiels ist es, am Ende möglichst wenige Buchstabenkarten zu haben.

Regeln für olchige Schimpfwörter:
- Sie bestehen aus zwei Wörtern.
- Beide Wörter müssen mit dem aufgedeckten Buchstaben beginnen.
- Das erste ist ein Wie-, das zweite ein Namenwort (Adjektiv und Substantiv).

Beispiele: M → müffelnde Matschmade,
S → schleimige Sumpfnatter

Rattenrennen

Auf der Schmuddelfinger Müllkippe leben viele Ratten. Bastle dir doch auch welche! Dann kannst du, wie die Olchis, mit diesen Haustieren spielen. (Und wenn ein Olchi-Gegner in der Nähe ist, kannst du so tun, als würdest du putzen.)

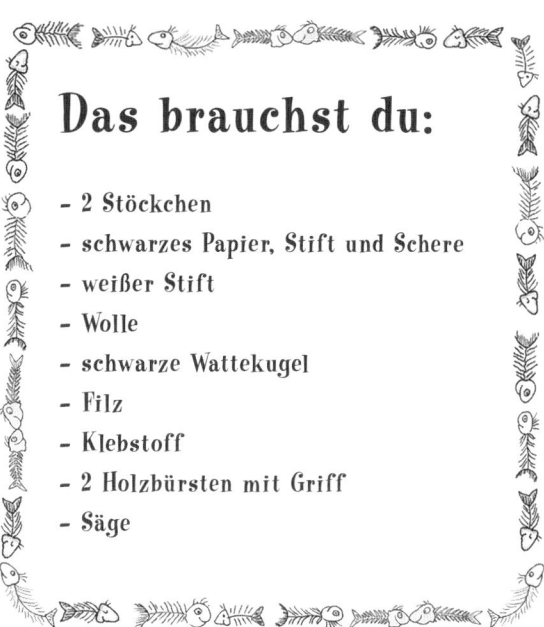

Das brauchst du:

- 2 Stöckchen
- schwarzes Papier, Stift und Schere
- weißer Stift
- Wolle
- schwarze Wattekugel
- Filz
- Klebstoff
- 2 Holzbürsten mit Griff
- Säge

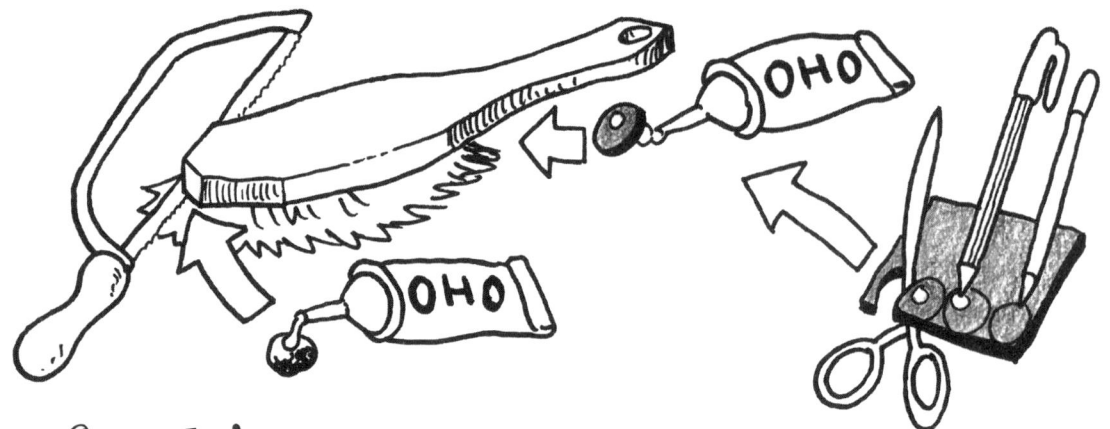

So geht's:

Bastle dir vor dem Spiel zwei Ratten.
Lasse dir hierfür von einem Erwachsenen
die beiden vorderen Ecken der Scheuer-
bürsten zu einer spitzen Schnauze zu-
sägen. Klebe die Wattekugel als Nase an.
Male nun Augen auf das schwarze Papier
und schneide sie aus. Male mit dem weißen
Stift einen weißen Punkt als Lichtreflex
in die Augen und klebe die fertigen Augen
auf die Bürsten.

Schneide aus Filz Ohren aus. Schneide sie
an der geraden Kante leicht ein und klebe
sie dann überlappend auf die Bürsten.

Binde einen langen Wollfaden an den Griff
deiner Bürsten und knote das andere Ende
am Holzstöckchen fest.
Du brauchst zwei Ratten. Dabei ist es
wichtig, dass die beiden befestigten Woll-
fäden genau gleich lang sind.

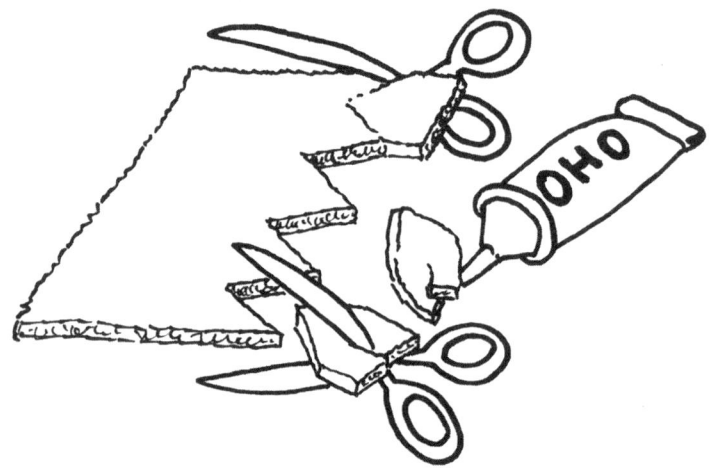

Jetzt kann das Spiel losgehen. Stellt euch
nebeneinander. Eure Ratten sind jeweils so
weit von euch entfernt, dass der Wollfaden
leicht gespannt ist. Auf ein Startzeichen
wickelt ihr nun – so schnell ihr könnt –
den Faden um euer Holzstöckchen. Wer seine
Ratte zuerst ganz zu sich gewickelt hat,
gewinnt das Rennen.